ORDONNANCE DU ROY,

Pour la levée de Soixante mille Hommes de Milice.

Du 25. Fevrier 1726.

A PARIS,
DE L'IMPRIMERIE ROYALE.

M. DCC XXVI.

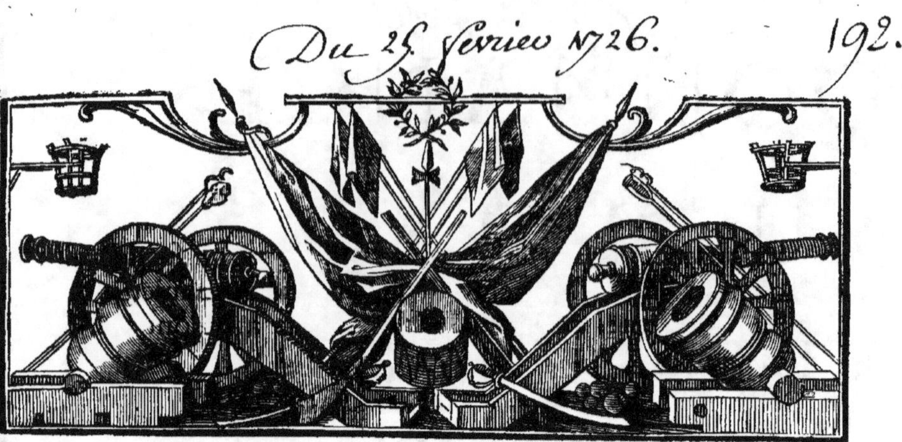

ORDONNANCE DU ROY,

Pour la levée de Soixante mille Hommes de Milice.

Du 25. Fevrier 1726.

DE PAR LE ROY.

A MAJESTE' ayant ordonné dans ses Troupes d'Infanterie & de Cavalerie une augmentation proportionnée au grand nombre de ses Places, à l'estenduë de ses Frontieres, & aux alliances qu'Elle a contractées pour maintenir la tranquillité de l'Europe qu'Elle a toûjours eu pour principal objet depuis son Avenement à la Couronne; Elle a jugé en même temps devoir ajoûter à cette précaution celle d'avoir toûjours sur pied dans l'interieur du Royaume un Corps de Milices, qui s'exerçant pendant la Paix au maniement des armes, sans déranger les travaux qu'exige l'agriculture, ni sortir des Provinces, pût estre prest à marcher sur les Frontieres pour en augmenter les forces dans les besoins les plus pressans de l'Estat, & assûrer d'autant plus la Paix dont Elle a fait joüir jusqu'à

A ij

prefent fes Peuples, qu'Elle fera plus en eftat de s'oppofer aux entreprifes de ceux qui voudroient la troubler. C'eft dans cette vûë qu'après avoir concilié les differens moyens qui peuvent faciliter la levée de cette Milice fans furcharger les Finances & fans fatiguer fes Peuples par un fervice auffi onereux que l'eftoit celuy auquel ils eftoient affujettis dans les précedentes levées de Milices, Elle a ordonné & ordonne ce qui fuit.

ARTICLE PREMIER.

IL fera inceffamment levé dans toute l'eftenduë du Royaume un Corps de Milices, pour fubfifter également pendant la Paix & pendant la Guerre, conformément à l'Eftat joint à la prefente Ordonnance qui fera adreffée aux Gouverneurs, Lieutenans generaux, Commandans, Intendans & Commiffaires départis dans les Provinces & Generalitez : ledit Corps de Milices fera compofé de Soixante mille hommes qui feront diftribuez en Cent Bataillons, chaque Bataillon fera compofé de Douze Compagnies, & chaque Compagnie de Cinquante hommes.

II.

LE nombre d'hommes pour lequel chaque Province ou Generalité eft comprife audit Eftat, fera reparti par l'Intendant ou Commiffaire départi en ladite Province ou Generalité, fur les Parroiffes en dépendantes; obfervant par luy, de divifer lefdites Parroiffes en autant de cantons qu'il devra y eftre levé de Compagnies; de maniere qu'en faifant affembler chaque Compagnie au centre du Canton, les Soldats ne foient pas obligez de découcher, s'il eft poffible.

III.

DANS les Provinces ou Generalitez qui devront fournir plufreurs Bataillons, les Intendans & Commiffaires départis obferveront de même de défigner les douze Cantons qui devront former chaque Bataillon, pour faciliter l'affemblée defdits Bataillons, lorfqu'il fera neceffaire, dans le lieu principal qui fe trouvera le plus à portée du centre defdits Cantons.

IV.

IV.

AUCUNE Parroiſſe du Royaume ne pourra eſtre diſ-penſée de contribuer à la levée deſdites milices, à l'excep-tion ſeulement de celles qui eſtant ſujettes au guet & à la garde des Coſtes Maritimes, ne doivent pas eſtre tenuës de fournir au ſervice de Terre, ſuivant le Reglement du 4. Fevrier 1716.

V.

LES Intendans envoyeront inceſſamment au Secretaire d'Eſtat ayant le département de la Guerre, les Eſtats qu'ils auront arreſtez des Parroiſſes affectées à la levée de chaque Compagnie dans chaque Canton, & des douze Cantons qui devront former chaque Bataillon; afin que ſur leſdits Eſtats Sa Majeſté puiſſe choiſir entre les Officiers reformez ou retirez dans les Provinces, les Lieutenant - Colonel, Major, Ayde-Major, Capitaines & Lieutenans qui ſeront les plus propres & les plus à portée de les commander.

VI.

LESDITS Intendans avertiront quinze jours à l'avance les Maire, Echevins, Conſuls, Syndics ou Marguilliers de chacune des Parroiſſes de leur Generalité, de faire aſſem-bler le Dimanche qui ſera indiqué, à l'iſſuë de la grande Meſſe, & en la forme uſitée pour les affaires de la Commu-nauté, tous les habitans d'icelle; pour en ladite Aſſemblée, & en preſence d'Officiers de caractere, Gentilshommes, Commiſſaires des Guerres ou autres de probité reconnuë, qui ſeront prépoſez au nom de Sa Majeſté par les Gouver-neurs, Lieutenans generaux, Commandans & Intendans des Provinces, en qualité de Commiſſaires du Roy pour la-dite levée, faire tirer au ſort tous les hommes non mariez demeurans actuellement dans la Parroiſſe, de l'âge au moins de ſeize ans, & pas plus âgez de quarante, de taille de cinq pieds de hauteur au moins, & en eſtat de bien ſervir.

VII.

SI lors deſdites Aſſemblées quelque garçon pour ſe ſouſtraire au Service de la Milice ſe prétendoit engagé dans les Troupes, & qu'il en rapportaſt un Certificat d'un

Capitaine; Sa Majesté veut en ce cas pour éviter les abus des Engagemens simulez, que copie desdits Certificats soit envoyée au Secretaire d'Estat de la Guerre pour estre le fait constaté; l'intention de Sa Majesté estant que les Capitaines qui auroient donné de faux Certificats d'engagement, soient mis en prison & cassez, & que le Soldat qui en sera porteur, soit arresté, & envoyé aux Colonies.

VIII.

LES Garçons à qui il sera échu par le sort de servir dans lesdites milices, seront tenus de se rendre le jour qui leur sera prescrit, au lieu où s'assemblera la Compagnie dont ils devront estre; & cependant il leur sera deffendu de s'absenter de la Parroisse pour plus d'un ou deux jours sans la permission du Maire, Echevin, Consul ou Syndic du lieu, à peine d'estre severement chastiez.

IX.

S'IL survenoit quelques contestations lors de l'assemblée, Sa Majesté entend que sesdits Commissaires les décident sur le champ, & qu'ils signent les Procès-verbaux qui seront dressez, tant desdites contestations, que de la maniere dont le sort aura esté tiré; desquels Procès-verbaux il sera laissé Copie aux Maire, Syndics, Marguilliers ou principaux Habitans, & les originaux seront envoyez dans les vingt-quatre heures à l'Intendant de la Province ou Generalité, lequel les adressera, ou Copies d'iceux signées de luy, au Secretaire d'Estat de la Guerre, afin qu'il puisse vérifier les faits dont il pourroit estre porté plainte, & en rendre compte à Sa Majesté.

X.

LESDITS Procès-verbaux signez desdits Commissaires contiendront le nombre de garçons de chaque Parroisse qui se seront trouvez à l'assemblée, ainsi que leurs noms, âge, taille & vacation, & le signalement en particulier de ceux à qui le sort sera échu, & seront envoyez à l'Intendant pour les adresser pareillement au Secretaire d'Estat ayant le département de la Guerre.

7
XI.

VEUT Sa Majesté qu'on ne puisse faire tirer au fort des gens mariez, qu'au defaut abfolu de garçons en eftat de fervir; auquel cas feulement l'intention de Sa Majefté eft que les hommes mariez, de l'âge & des qualitez cy-deffus, excepté ceux qui fe trouveront dans la premiere année de leur mariage, tirent entre eux, pour que les Parroiffes fourniffent le nombre qui leur fera prefcrit.

XII.

AUCUN paffager, vagabond, eftranger ou habitant d'une autre Parroiffe ne pourra eftre admis à fervir à la place d'un milicien tiré par le fort; Voulant Sa Majefté que ceux à qui il fera échu, ne puiffent en fubftituer d'autres à leur place, fous tel prétexte que ce puiffe eftre, quand même des Garçons de la même Parroiffe offriroient volontairement de fervir pour eux.

XIII.

EN cas qu'il eût efté commis quelque fraude, ou qu'il y eût eu quelqu'abus dans la maniere dont le fort aura efté tiré pour défigner le Milicien, Veut Sa Majefté que celuy qui en informera & qui pourra en rapporter la preuve, foit payé de la fomme de Cent livres aux dépens de la communauté qui aura participé aufdites fraudes ou abus, ou par celuy qui en fera l'autheur.

XIV.

LES Garçons ou à leur défaut les Hommes mariez de l'âge & des qualitez cy-deffus, qui ne fe feront pas trouvez aux affemblées indiquées pour tirer au fort, & même qui s'eftant abfentez par des raifons legitimes, n'auront pas chargé quelqu'un de declarer les caufes de leur abfence & de tirer pour eux, feront cenfez & declarez miliciens & contraints de fervir à la place de ceux à qui le fort fera échû, & qui pourront les reprefenter : Voulant Sa Majefté, que dans le cas où ils ne pourroient eftre reprefentez ils foient dénoncez, & leurs fignalemens donnez aux Prevofts des Marefchauffées de la Province, pour eftre arreftez comme vagabonds, & punis ainfi qu'il fera reglé par Sa Majefté.

XV.

LESDITS Intendans remettront à chaque Capitaine l'eſtat des Parroiſſes qui devront fournir les Soldats de ſa Compagnie, contenant le nombre d'hommes que chacune devra fournir, & les noms & ſignalemens de ceux à qui il ſera échû par le ſort d'entrer dans leſdites Compagnies, deſquels Eſtats ils adreſſeront le double au Secretaire d'Eſtat de la Guerre.

XVI.

LORSQUE dans les Revûës qui ſeront faites des Compagnies il y manquera quelque Soldat, ſoit par mort ou deſertion, il ſera remplacé par un autre de la même Parroiſſe, en y procedant à une nouvelle aſſemblée en la maniere cy-deſſus expliquée.

XVII.

CHAQUE Capitaine choiſira parmi les cinquante hommes dont ſa Compagnie ſera compoſée, ceux qu'il jugera les plus capables de remplir les deux places de Sergens, comme auſſi les ſept Soldats qu'il trouvera les plus propres à eſtre Caporaux, Anſpeſſades, & Tambour.

XVIII.

LES Sergens, Caporaux, Anſpeſſades, Soldats & Tambours ne ſeront tenus de ſervir que pendant quatre années au plus, entendant Sa Majeſté que pour éviter le renouvellement total deſdits Bataillons à la fin deſdites quatre années, & pour rendre en même temps le ſervice deſdites Milices moins onereux à ſes peuples, il ſoit donné congé à la moitié de chaque Compagnie, dans deux années à compter du premier Juin de la preſente, & à l'autre moitié à la fin de la quatriéme année, & qu'il en ſoit uſé de même pour les années ſuivantes: Voulant Sa Majeſté, que les gens mariez, ſi aucuns y a, ſoient compris dans la premiere moitié, que le ſurplus des Congez ſoit tiré au ſort, & qu'il ſoit donné à ceux auxquels le ſort ſera échû des Certificats comme ils auront ſervi les deux ou quatre années, ainſi qu'il eſt cy-deſſus expliqué: Leſdits Certificats ſeront ſignez par les Maire, Conſuls, Syndics ou principaux

Habitans,

Habitans; Et après l'avoir esté pareillement du Capitaine, & visez de l'Intendant ou de l'un de ses Subdeleguez, ils serviront de Congé absolu ausdits Miliciens. Entendant Sa Majesté, que les Soldats ainsi congediez soient incessamment remplacez par les Parroisses, en la forme cy-dessus prescrite.

XIX.

LES Bataillons desdites Milices estant destinez pour demeurer ordinairement dans leurs Provinces, & n'en sortir que dans les besoins pressans de l'Estat; Veut Sa Majesté que les Soldats dont ils seront composez ayent la liberté de vaquer aux travaux de la campagne & à leurs affaires particulieres, sans qu'il puisse leur estre imposé aucune espece de contrainte ni service journalier par leurs Capitaines, Lieutenans ou autres Officiers superieurs, qui ne pourront les assembler que les jours indiquez pour les Revûës particulieres des Compagnies, ou pour la Revûë generale du Bataillon; sans néantmoins que sous ce pretexte lesdits Miliciens puissent manquer en aucun temps à la subordination dûë à leurs Officiers, à peine d'estre punis suivant la rigueur des Ordonnances militaires, auxquelles Sa Majesté veut & entend que lesdites Milices soient assujetties, quant à la discipline, ainsi que ses autres Troupes; Enjoignant aux Gouverneurs, Lieutenans generaux & Commandans dans ses Provinces, d'y tenir la main.

XX.

DEFFEND Sa Majesté à tous Capitaines & autres Officiers de ses Troupes, d'engager aucun Soldat de Milice actuellement enrollé dans lesdites Compagnies, à peine d'estre cassez & de nullité de l'engagement; & à peine ausdits Soldats de Milice qui se feront engagez, d'estre envoyez aux Colonies.

XXI.

ORDONNE Sa Majesté aux Majors & Aides-Majors desdits Bataillons, d'avoir attention lors des Revûës qui seront faites, soit desdits Bataillons en entier ou desdites Compagnies en particulier, de former les Soldats dont elles seront

C

compofées au maniement des Armes & aux évolutions ; &
aux Lieutenans-Colonels, ou en leur abfence à ceux defdits
Capitaines qui commanderont lefdits Bataillons, de tenir
exactement la main à ce que les Officiers ne faffent aucun
tort ni mauvais traitement aux Soldats qui leur feront fub-
ordonnez, & d'informer le Secretaire d'Eftat de la Guerre
de ce qui pourroit arriver en cela de contraire aux inten-
tions de Sa Majefté, pour y eftre par Elle pourvû.

XXII.

LESDITS Bataillons de Milice prendront entr'eux le rang
des Regimens entretenus fous le nom des Provinces dont
ils feront tirez, ainfi qu'il eft marqué par l'Eftat joint à la
prefente Ordonnance ; Et ceux d'une même Province fe
regleront pour le rang qu'ils devront tenir entr'eux en particulier, fur l'ancienneté de la Commiffion du Lieutenant-
Colonel qui les commandera : A l'égard des autres Officiers
dont chaque Bataillon fera compofé, ils y marcheront fuivant la datte de leurs Commiffions, Lettres ou Brevets, dans
quelques Corps qu'ils ayent fervi.

XXIII.

LES Officiers reformez qui commanderont lefdits Bataillons & Compagnies, continuëront d'eftre payez fur le
fonds de l'Extraordinaire des Guerres pendant qu'ils refte-
ront dans les Provinces, fur le même pied qu'ils le font
aujourd'huy, en conformité des Ordonnances, Regle-
mens ou ordres particuliers expediez à cet effet; Et les Provinces n'eftant pas au moyen de ce traitement affujetties
à l'impofition qu'elles auroient dû fupporter de leurs appointemens fuivant ce qui s'eft pratiqué dans les preceden-
tes levées de Milices, Sa Majefté a bien voulu leur procurer
encore un nouveau foulagement, en réduifant à moitié la
folde que lefdites Provinces eftoient tenuës de payer aux
Sergens & Soldats de Milices en execution des Ordonnances
des 29. Novembre 1688. & 28. Mars 1690. Et en confe-
quence Elle veut & entend qu'il foit feulement impofé fur
lefdites Provinces deux fols par jour pour chaque Sergent,
& un fol pour chaque Soldat, qui leur feront délivrez tous

les mois aux jours de Revûës qui en feront faites par les Commiffaires des Guerres à ce prepofez, afin de les dédommager des frais qu'ils pourroient faire pour s'y rendre, & leur donner moyen de s'entretenir de linge & de chauffure : Voulant pour cet effet Sa Majefté, que la fomme à laquelle fe trouvera monter ladite impofition dans chacune des Generalitez taillables & Pays d'Eftats, enfemble Six deniers pour livre en fus de ladite impofition, tant pour les taxations du Treforier general de l'Extraordinaire des Guerres à raifon de Deux deniers pour livre, que pour les Quatre deniers qui doivent eftre retenus fur toutes les dépenfes de la Guerre, foit repartie dans chaque Generalité ou Departement par les Intendans & Commiffaires départis, au marc la livre de la Taille dans les Pays taillables, & des autres levées dans les Pays d'Eftats ; pour eftre le fonds de ladite impofition remis de mois en mois, par preference à toutes autres impofitions, & fans aucuns frais, par le Receveur particulier des Tailles en chaque Election, & dans les autres Provinces par celuy qui fera chargé du Recouvrement des impofitions, au Commis de l'Extraordinaire des Guerres en chacune defdites Provinces : L'intention de Sa Majefté eftant que la Recette & la Depenfe de ladite impofition foient employées dans le compte du Treforier general dudit Extraordinaire des Guerres en exercice.

XXIV.

Si les conjonctures éxigeoient que Sa Majefté donnât fes ordres pour faire fortir des Provinces & Generalitez lefdits Bataillons de Milices, & les employer fur les Frontieres; fon intention eft en ce cas, que les Officiers & Soldats foient payez des fonds de l'Extraordinaire des Guerres dans les Generalitez, du jour de l'Affemblée defdits Bataillons ez lieux qui leur auront efté defignez, & dans les Pays d'Eftats du jour feulement qu'ils fortiront de la Province, à raifon de deux livres dix fols par jour au Capitaine, vingt fols au Lieutenant, dix fols à chacun des deux Sergens, fept fols fix deniers à chacun des trois Caporaux, fix fols fix deniers à chacun des trois Anfpeffades, cinq fols fix deniers à chacun des quarante-un Fufilliers, & fept fols fix deniers au Tambour de chaque Compagnie. A l'égard de l'Eftat Major, il fera payé par jour au Lieutenant-Colonel, outre les appointemens qu'il recevra comme Capitaine, quarante fols; au Major Trois livres fix fols huit deniers; & à l'Ayde-Major quarante-cinq fols: Au moyen duquel traitement le Treforier General de l'Extraordinaire des Guerres en exercice fera tenu de faire recette au profit de Sa Majefté du montant de l'impofition ordonnée par l'Article precedent, pendant le temps que lefdites Milices ferviront hors de leurs Provinces. Veut auffi Sa Majefté que lefdits Officiers ou Soldats joüiffent de la même augmentation de folde accordée aux autres Troupes, lorfqu'ils feront en marche fur des Routes de Sa Majefté, en conformité de l'Article XXXVII. de l'Ordonnance du 10. Decembre 1725.

XXV.

LORSQUE lefdits Bataillons reviendront dans leurs Provinces ou Generalitez, & que les Sergens & Soldats auront efté renvoyez chez eux; les Officiers de ces Bataillons cefferont, du jour que leur Bataillon aura efté congedié, de recevoir la paye reglée par l'Article precedent : A l'égard des Sergens & Soldats, ils cefferont pareillement de joüir de la folde des Troupes de Campagne pendant tout le temps qu'ils demeureront dans leurs Provinces.

XXVI.

SA MAJESTÉ ayant efté informée que l'habillement fourni aux Milices en 1719. n'eftoit pas fuffifant pour l'arriere faifon, a refolu de leur en faire donner un complet, femblable à celuy de fes Troupes de Campagne, & donnera fes ordres pour le faire envoyer inceffamment dans les Provinces, fur le pied qui fera détaillé cy-après, avec les Drapeaux deftinez à chaque Bataillon, & les Caiffes des Tambours.

XXVII.

LEDIT habillement fera compofé, fçavoir pour chaque Sergent, d'un Jufte-au-corps de drap de Lodeve gris-blanc, doublé

doublé de ſerge & Parementé de drap bleu, de la Veſte & Culotte, d'un Chapeau bordé d'Argent-fin, d'une paire de bas bleuë, & d'un Ceinturon piqué; pour chaque Caporal, Anſpeſſade & Soldat, d'un Juſte-au-corps de drap doublé de ſerge, d'une Veſte de ſerge de Moüy, d'une Culotte de même avec leurs doublures de toile, d'un Chapeau bordé d'un Galon d'Argent-faux comme aux autres Troupes, d'une paire de gueſtres, d'une paire de ſouliers, d'un Cartouche de bazanne, d'un Ceinturon de cuir avec ſon Porte-bayon-nette, & d'un Fourniment avec ſon cordon; pour les Tam-bours, de toutes les mêmes fournitures à l'exception du Cartouche & du Fourniment, le Juſte-au-corps, le Cein-turon & le colier de la Caiſſe devant eſtre de plus garnis de Galons de la livrée du Roy.

XXVIII.

SA MAJESTÉ a donné pareillement ſes ordres pour que les Armes neceſſaires pour l'armement deſdits Bataillons, ſoient tirées de ſes Magazins & Arſenaux, & fournies à ſes dépens à la décharge deſdites Provinces.

XXIX.

LES Provinces & Generalitez ſe trouvant diſpenſées par ces diſpoſitions, de tous les frais qu'elles avoient couſtume de faire pour équiper & armer les Soldats de Milices, ain-ſi que des appointemens des Officiers de l'Eſtat Major & des Compagnies de chacun des Regimens & Bataillons, qui y eſtoient impoſez; elles ſeront ſeulement tenuës de la dépenſe de l'habillement, à raiſon de quarante-cinq li-vres pour chacun des hommes qui y ſeront levez. Veut Sa Majeſté que le montant dudit habillement ſoit impoſé & levé ſur les habitans au ſol la livre de la Taille, ou des au-tres levées dans les Pays d'Eſtats; qu'il ſoit pris par prefe-rence à toutes impoſitions, ſuivant ce qui a eſté pratiqué en conſequence de l'Ordonnance du 15. Janvier 1719. & que le fonds en ſoit remis au Treſorier general de l'Ex-traordinaire des guerres.

XXX.

LORSQUE l'habillement & les armes auront eſté fournis

D

auſdites Compagnies, ils ſeront dépoſez au lieu qui ſera à ce deſtiné, d'où ils ne ſeront tirez que pour les jours auſquels leſdites Revûës auront eſté indiquées, Voulant Sa Majeſté qu'après leſdites Revûës le tout ſoit mis au dépoſt juſqu'à la Revûë ſuivante.

MANDE & Ordonne Sa Majeſté aux Gouverneurs & ſes Lieutenans generaux en ſes Provinces, & auſdits Intendans, de s'employer chacun à ſon égard, & ſelon qu'il leur eſt preſcrit & ordonné par la preſente, à ſon entiere execution. Ordonne auſſi Sa Majeſté aux Gouverneurs de ſes Villes & Places, & à tous Baillifs, Seneſchaux, Prevoſts, Juges, leurs Lieutenans, & autres ſes Officiers qu'il appartiendra, de tenir la main à ladite execution. FAIT à Marly le vingt-cinquiéme Fevrier mil ſept cens vingt-ſix. Signé LOUIS. Et plus bas, DE BRETEUIL.

NICOLAS PROSPER BAUYN, CHEVALIER, SEIGNEUR D'ANGERVILLIERS, Conſeiller d'Eſtat, Intendant de Juſtice, Police & Finances de la Generalité de Paris.

Vû l'Ordonnance cy-deſſus.

NOUS ordonnons qu'elle ſera lûë, publiée & affichée dans toutes les Villes & Parroiſſes de la Generalité de Paris, pour eſtre inceſſamment procedé à ſon execution, par ceux qui ſeront par Nous commis à cet effet. Ordonnons que les Maires & Echevins dans les Villes, & les Syndics conjointement avec les Marguilliers dans les Parroiſſes de la Campagne, dreſſeront un Eſtat contenant le nombre de garçons de chaque Parroiſſe, depuis l'âge de ſeize juſqu'à quarante ans, dans lequel il ſera fait mention des noms & ſurnoms, de la demeure, de la vacation, de la taille & de l'âge à peu près de chaque garçon, lequel Eſtat ſera remis ou envoyé au Subdelegué du Département huit jours après la reception de la preſente Ordonnance. FAIT à Paris le ſeize Mars mil ſept cens vingt-ſix. Signé BAUYN. Et plus bas, Par Monſeigneur, CHATAUVILLARD.

ESTAT contenant la repartition des soixante mille hommes de Milice, que le Roy veut estre levez dans les Provinces & Generalitez de son Royaume, pour en composer Cent Bataillons de douze Compagnies de cinquante hommes chacune, conformément à son Ordonnance du 25. Fevrier 1726.

PROVINCES ET GENERALITEZ.	Nombre de Miliciens qu'elles fourniront.	Nombre de Bataillons.	Noms des Regimens dont les Bataillons de Milice suivront le rang entre eux, conformément à l'Art. XXII. de ladite Ordonnance.
La Generalité de Paris.	Fournira Quatre mille deux cens hommes, qui formeront	Sept Bataillons.	Suivront le rang du Regiment de l'Isle de France.
La Generalité de Soissons.	Fournira Dix-huit cens hommes, qui formeront	Trois Bataillons.	Suivront le rang du Regiment de Soissonnois.
La Generalité d'Amiens.	Fournira Dix-huit cens hommes, qui formeront	Trois Bataillons.	Suivront le rang du Regiment de Picardie.
La Generalité de Roüen.	Fournira Trois mille hommes, qui formeront	Cinq Bataillons.	Suivront le rang du Regiment de Normandie.
La Generalité de Caën.	Fournira Dix-huit cens hommes, qui formeront	Trois Bataillons.	
La Generalité d'Alençon.	Fournira Dix-huit cens hommes, qui formeront	Trois Bataillons.	
La Generalité de Chaalons.	Fournira Trois mille hommes, qui formeront	Cinq Bataillons.	Suivront le rang du Regiment de Champagne.

PROVINCES ET GENERALITEZ.	Nombre des Miliciens qu'elles fourniront.	Nombre des Bataillons.	Noms des Regimens dont les Bataillons de Milice suivront le rang entre eux, conformément à l'Art. XXII. de ladite Ordonnance.
Le Département du Duché de Bourgogne.	Fournira Trois mille six cens hommes, qui formeront.	Six Bataillons.	Suivront le rang du Regiment de Bourgogne.
La Generalité d'Orleans.	Fournira Deux mille quatre cens hommes, qui formeront	Quatre Bataillons.	Suivront le rang du Regiment d'Orleans.
La Generalité de Moulins.	Fournira Douze cens hommes, qui formeront	Deux Bataillons.	Suivront le rang du Regiment de Bourbonnois.
La Generalité de Tours.	Fournira Trois mille hommes, qui formeront	Cinq Bataillons.	Suivront le rang du Regiment de Touraine.
La Province de Bretagne.	Fournira Quatre mille deux cens hommes, qui formeront	Sept Bataillons.	Suivront le rang du Regiment de Bretagne.
La Generalité de Poitiers.	Fournira Dix-huit cens hommes, qui formeront	Trois Bataillons.	Suivront le rang du Regiment de Poitou.
La Generalité de Limoges.	Fournira Douze cens hommes, qui formeront	Deux Bataillons.	Suivront le rang du Regiment de Limofin.
La Generalité de Riom.	Fournira Douze cens hommes, qui formeront	Deux Bataillons.	Suivront le rang du Regiment d'Auvergne.
La Generalité de Lyon.	Fournira Douze cens hommes, qui formeront	Deux Bataillons.	Suivront le rang du Regiment Lyonnois.
La Generalité de Grenoble.	Fournira Douze cens hommes, qui formeront	Deux Bataillons.	Suivront le rang du Regiment de Dauphiné.

PROVINCES ET GENERALITEZ.	Nombre de Miliciens qu'elles fourniront.	Nombre de Bataillons.	Noms des Regimens dont les Bataillons de Milice suivront le rang entre eux, conformément à l'Art. XXII. de ladite Ordonnance.
La Provence.	Fournira Six cens hommes, qui formeront	Un Bataillon.	Suivra le rang du Regiment de Provence.
La Generalité de Montauban.	Fournira Dix-huit cens hommes, qui formeront	Trois Bataillons.	Suivront le rang du Regiment de Guyenne.
Le Département & Generalité d'Aufch.	Fournira Deux mille quatre cens hommes, qui formeront	Quatre Bataillons.	
La Generalité de Bordeaux.	Fournira Trois mille hommes, qui formeront	Cinq Bataillons.	
La Generalité de Bourges.	Fournira Six cens hommes, qui formeront	Un Bataillon.	Suivra le rang du Regiment de Berry.
Le Comté de Bourgogne.	Fournira Trois mille six cens hommes, qui formeront	Six Bataillons.	Suivront le rang du Regiment Royal-Comtois.
La Province de Languedoc.	Fournira Trois mille six cens hommes, qui formeront	Six Bataillons.	Suivront le rang du Regiment de Languedoc.
La Generalité de la Rochelle.	Fournira Six cens hommes, qui formeront	Un Bataillon.	Suivra le rang du Regiment d'Aunis.
La Province d'Artois.	Fournira Douze cens hommes, qui formeront	Deux Bataillons.	Suivront le rang du Regiment d'Artois.
Le Département des Trois Evechez.	Fournira Douze cens hommes, qui formeront	Deux Bataillons.	Comme il n'y a pas de Regiment de Metz & Evêchez, ils suivront le rang du Regiment de Lorraine.

E

PROVINCES ET GENERALITEZ.	Nombre de Miliciens qu'elles fourniront.	Nombre de Bataillons.	Noms des Regimens dont les Bataillons de Milice suivront le rang entre eux, conformément à l'Art. XXII. de ladite Ordonnance.
La Province d'Alface.	Fournira Douze cens hommes, qui formeront	Deux Bataillons.	Suivront le rang du Regiment d'Alface.
La Province de Flandre, & celle du Haynaut.	Fourniront Douze cens hommes, qui formeront	Deux Bataillons.	Dont le premier fuivra le rang du Regiment de Flandre, & l'autre celuy du Regiment de Haynaut.
La Province du Rouffillon.	Fournira Six cens hommes, qui formeront	Un Bataillon.	Suivra le rang du Regiment Royal Rouffillon.

FAIT à *Marly ce vingt-cinq Fevrier mil fept cens vingt-fix.* Signé LOUIS. Et plus bas, DE BRETEUIL.

9 782329 312040